DISCOURS

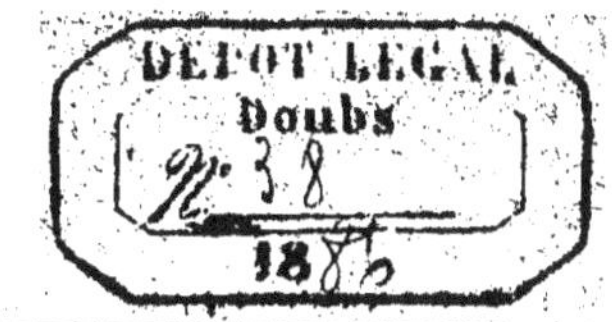

PRONONCÉ

AU SERVICE FUNÈBRE

DE

M. JEAN-BAPTISTE-CHARLES-PROSPER

MARQUIS DE RAINCOURT

DANS L'ÉGLISE DE FALLON, LE 13 JANVIER 1886

PAR

M. L'ABBÉ DUBILLARD

SUPÉRIEUR DU GRAND SÉMINAIRE DE BESANÇON

VICAIRE GÉNÉRAL DE MONSEIGNEUR L'ARCHEVÊQUE

BESANÇON

IMPRIMERIE ET LITHOGRAPHIE DE PAUL JACQUIN

Grande-Rue, 14

1886

DISCOURS

PRONONCÉ

AU SERVICE FUNÈBRE

DE

M. JEAN-BAPTISTE-CHARLES-PROSPER

MARQUIS DE RAINCOURT

DANS L'ÉGLISE DE FALLON, LE 13 JANVIER 1886

PAR

M. L'ABBÉ DUBILLARD

SUPÉRIEUR DU GRAND SÉMINAIRE DE BESANÇON

VICAIRE GÉNÉRAL DE MONSEIGNEUR L'ARCHEVÊQUE

BESANÇON

IMPRIMERIE ET LITHOGRAPHIE DE PAUL JACQUIN

Grande-Rue, 14

1886

Jean-Baptiste-Charles-Prosper, Marquis DE RAINCOURT, naquit à Paris, le 19 janvier 1810.

Sa famille, qui est originaire de Raincourt (Haute-Saône), est considérée comme une des plus anciennes de la Franche-Comté ; elle a eu dans ce pays de très belles et très nobles alliances. Ses titres sont ceux de *marquis* et de *comte ;* les preuves qui les établissent ont été présentées au roi, et certifiées authentiques par Chérin. Ses armes portent : De gueules à la croix d'or accompagnée de 18 billettes d'or, 10 en chef, 8 en pointe, avec cette religieuse devise : « *Fidei cauticula crux.* La croix est la pierre de touche de la foi. »

Dès 1180, on trouve des titres de donations faites à l'abbaye de Cherlieu par Guillaume de Raincourt. Cette famille compte parmi ses ancêtres : quinze chevaliers de Saint-Georges ; des chanoines dans les abbayes de Baume-les-Messieurs, de Saint-Claude, de Saint-Pierre de Mâcon, de Saint-Victor, de Gigny, etc. ; des chanoinesses à Poussay, à Belmont et à Baume-les-Dames ; enfin, dans l'armée, des généraux, des colonels et de nombreux officiers.

Christophe-Louis de Raincourt, qui fut tué au siège de Verceil, en 1638, a joué un grand rôle à l'époque de la première conquête de la Franche-Comté par la France. C'est de lui que Boyvin dit, dans un manuscrit conservé à la bibliothèque de la ville de Dole. « qu'il a terminé une glorieuse vie par une glorieuse mort. » Antoine-Pierre de Raincourt, lieutenant-colonel de cavalerie dans le régiment du Dauphin, mourut à l'armée de Condé, en 1792.

La famille habita Raincourt jusqu'en 1579, époque à laquelle la branche aînée s'éteignit, faute d'héritiers mâles ; ses biens furent vendus et passèrent à la maison de Vesoul. Depuis, ils ont été rachetés par la branche cadette, qui était déjà fixée à Fallon, vers le milieu du XVe siècle, et qui, à l'extinction de la branche aînée, avait hérité de tous ses droits et titres nobiliaires. En 1802, par suite de son mariage, Charles-Ignace, Marquis de Raincourt, quitta Fallon pour aller habiter le château de Troissy, en Champagne. Son fils Prosper revint à certains intervalles passer quelque temps à Fallon, notamment en 1836, mais il ne s'y installa définitivement qu'en 1866, après la mort de sa mère.

Il avait épousé, en 1831, Mlle Mathilde de Villemanzy, fille du comte de Villemanzy, pair de France.

De ce mariage, il a eu neuf enfants :

MARIE, épouse de M. Jules de Buyer.

CÉCILE, dame de la Visitation de Bordeaux, en religion sœur Marie-Mathilde de Raincourt.

ALICE, morte brûlée dans son berceau, à l'âge de deux ans, au château de Fallon.

CHARLES, aujourd'hui marquis de Raincourt, ancien officier de cavalerie, époux de Mlle de Wall, candidat conservateur aux élections législatives de 1881 et 1885, dans le département de la Haute-Saône.

ALBERT, aujourd'hui comte de Raincourt, ancien officier de cavalerie, époux de Mlle de Wall, habitant le château de Raincourt, racheté par la famille.

EUGÈNE, aujourd'hui vicomte de Raincourt, docteur en droit, époux de Mlle de Sade, ancien secrétaire particulier du comte de Chambord.

ALIX, épouse de M. le marquis de Vaulchier.

ELISABETH, épouse de M. le marquis de Beaurepaire.

PIERRE, aujourd'hui baron de Raincourt, époux de Mlle de Monterno, ancien zouave pontifical, blessé à Patay.

Dieu a béni ces mariages, desquels sont nés jusqu'à aujourd'hui trente et un enfants ; en sorte que le marquis de Raincourt, à l'époque de sa mort, comptait dans sa famille huit enfants, sept gendres et belles-filles, trente et un petits-enfants, en tout quarante-six membres.

C'est au château de Fallon, où il s'était définitivement installé en 1866, que M. Jean-Baptiste-Charles-Prosper, marquis de Raincourt, est décédé le 2 décembre 1885. Il avait voulu que cette année la fête de saint Eloi fût célébrée avec une solennité toute particulière par les ouvriers de son usine, et, dans ce but, il leur faisait donner une retraite par le R. P. Roullet, de la Compagnie de Jésus. Le dimanche 29 novembre, à huit heures et demie du soir, après avoir donné une répétition aux jeunes gens de sa chorale, il se rendait au cercle catholique qu'il avait fondé récemment, lorsque, manquant l'escalier qui conduit de la terrasse du château à la cour des écuries, il fit une chute malheureuse. Quand il eut été relevé par les jeunes gens qui le suivaient, on constata avec douleur qu'il s'était fait au crâne une blessure qui pouvait être mortelle. En effet, malgré les soins prodigués tout d'abord par ses enfants et ses ouvriers, ensuite par des médecins, appelés en toute hâte, on ne put réussir à le sauver. Il succombait le 2 décembre, à une heure du soir, dans sa soixante-seizième année, muni des sacrements de l'Eglise.

Les obsèques, présidées par M. Chiquelin, curé de la paroisse, ont eu lieu le 5 décembre, à dix heures du matin, dans l'église de Fallon, richement décorée pour la circonstance, mais trop étroite pour contenir une assistance qu'on ne peut évaluer à moins de deux mille personnes. La noblesse de la Haute-Saône et d'une partie du Doubs, le clergé des environs, tous les habitants de Fallon, sans exception, beaucoup de paysans des villages voisins, s'y trouvaient réunis. « Ce qui a donné à ces funérailles un caractère spécial, dit le *Journal de la Haute-Saône,* ç'a été l'affliction peinte sur tous les visages.... Il n'y avait aucun des assistants qui ne sentît la perte que la contrée venait de faire. »

Les coins du poêle étaient portés par deux ouvriers de la forge et deux cultivateurs. Le seul discours de circonstance a été prononcé par un commis de l'usine, qui, dans un langage simple et plein de cœur, a exprimé la douleur et la tristesse de tous. Les larmes coulaient des yeux quand il a dit en terminant : « Emportez, Monsieur le marquis, emportez nos regrets, avec la douleur d'être séparés de vous, et daignez nous préparer dans le Ciel la place que nous occupions près de vous sur cette terre. Au nom de tous vos ouvriers, cher patron, adieu !.... » La famille avait sans doute voulu, en environnant le cercueil du défunt d'humbles et de petits, lui donner pour cortège à sa dernière demeure ceux qu'il aimait sur la terre, et auxquels il avait consacré une des meilleures parts de son existence.

Le dimanche 13 décembre, on a fait, selon la coutume du pays, les prières de l'offerte pour le repos de l'âme de M. le marquis : c'était là une nouvelle occasion pour les fidèles de Fallon de manifester leur attachement pour les habitants du château et leur affection pour leur bienfaiteur défunt ; ils l'ont saisie avec empressement, personne n'a manqué à ce deuil de famille.

C'est le 13 janvier qu'a eu lieu le service solennel de quarantal : même sympathie, même piété, même affluence de la part de tous. Trente prêtres assistaient à cette cérémonie, et malgré une neige abondante et un froid glacial, la vaste enceinte de l'église paroissiale a eu peine à contenir la nombreuse assistance. Un ami de la famille, M. l'abbé Dubillard, supérieur du grand séminaire de Besançon, vicaire général de Mgr l'archevêque, avait accepté de présider la cérémonie et de prendre la parole pour redire aux fidèles de la paroisse quelque chose de la vie et des vertus du défunt.

Avant l'absoute et après avoir chanté la messe, assisté de M. Pasteur, doyen de Blamont, et de M. Meley, curé de Myon, il est monté en chaire et a prononcé, devant un auditoire suspendu à ses lèvres et ému jusqu'aux larmes, le discours suivant :

Justus, si morte præoccupatus fuerit, in refrigerio erit.

Si le juste vient à être surpris par la mort, il entrera dans son repos.   *(Sap.,* iv.)

MES FRÈRES,

Je ne puis laisser s'achever cette cérémonie funèbre sans dire quelques paroles de consolation à la noble famille du défunt, sans adresser un mot d'exhortation à cette pieuse assistance. L'Eglise ne tolère qu'avec peine la louange des vivants, mais elle autorise sans difficulté l'éloge des morts, surtout, et c'est le cas de celui que nous pleurons, quand ils ont passé en faisant le bien, quand ils ont pratiqué les devoirs et les conseils de l'Evangile, et qu'ils ont donné dans leur vie privée, comme dans leur vie publique, l'exemple de toutes les vertus. Je voudrais donc, mes frères, faire revivre un instant à vos yeux la grande et noble figure de Jean-Baptiste-Charles-Prosper, marquis de Raincourt, et proposer en peu de mots à votre imitation quelques-unes des vertus que nous avons admirées en lui.

Tout homme, mes frères, appartient en naissant à trois sociétés, différant les unes des autres par leur constitution, les lois qui les régissent, et le but qu'elles poursuivent : la société domestique, qui est la famille ; la société civile, qui est l'Etat ; et la société religieuse, qui est l'Eglise. Et quand on veut juger une vie, en tirer toutes les leçons qu'elle renferme, il faut la considérer dans cette triple sphère, où son action s'est développée, où ses forces vives ont fait sentir leur influence.

I. — *Que fut le marquis de Raincourt dans la famille ?* Un père véritablement digne de ce nom, c'est-à-dire un homme dans lequel venaient se mélanger, pour former un ensemble parfait, l'autorité et la bonté : l'autorité qui concilie le respect, et la bonté qui commande l'amour ; l'autorité et la bonté, qui sont les signes caractéristiques de toute vraie paternité, les deux grands facteurs de toute famille sérieuse, durable et vaillante. C'est parce qu'aujourd'hui l'autorité fait défaut au père de famille, c'est parce qu'il l'a laissée glisser de ses mains défaillantes, que nous voyons tant de maisons tomber en ruine, tant d'enfants insoumis, irrespectueux, sans conscience et sans morale, dissiper, pendant une vie souvent très courte, dans des débauches sans nom, dans des entreprises sans dignité, le noble patrimoine d'honneur et de fortune que leurs ancêtres avaient péniblement amassé. C'est parce que la bonté paternelle n'est plus à son niveau véritable, que la plupart des jeunes gens, à peine sortis de l'enfance, aspirent à quitter le foyer domestique pour aller chercher ailleurs des joies qui les enivrent sans les satisfaire, des plaisirs qui ne laissent dans leur âme que tristesse, amertume et dégoût.

L'autorité ne défaillit jamais entre les mains du marquis de Raincourt ; et voilà pourquoi la famille qu'il fonda fut toujours une grande école de respect ; voilà pourquoi ses enfants, arrivés à l'âge mûr et fondant à leur tour des familles, eurent toujours pour leur père cette obéissance, cette soumission, cette déférence, qu'admiraient tous ceux qui les ont vus réunis au foyer paternel. A l'autorité il joignait la bonté, la bonté qui attire, donne confiance et concilie l'amour. Aussi avec quelle joie aimait-on à revenir au berceau de la famille, se rappeler les souvenirs de l'enfance, rafraîchir son âme, fatiguée par les luttes de la vie, dans cette source pure des premières jouissances et des premiers amours !.... Avec quel empressement, quel enthousiasme, on se hâtait, au retour, de présenter à ce noble et bienveillant vieillard ses petits-fils, qu'il bénissait, heureux et fier d'espérer qu'en eux revivraient un jour la noblesse de son nom et les saintes traditions de son foyer !

Ce qui donnait, mes frères, à cette autorité tant de bienveillance, et à cette bonté tant de force, c'est que ces grandes qualités du père de famille étaient soutenues chez le marquis de Raincourt par un grand esprit de foi, par une grande fidélité à remplir tous ses devoirs envers Dieu. C'est de Dieu, dit l'apôtre saint Paul [1], que des-

---

[1] *Ephes.*, III, 15.

cend toute paternité au ciel et sur la terre, c'est aussi de lui que découlent l'autorité et la bonté, sans lesquelles il n'y a point de paternité véritable. Et c'est en se rapprochant de Dieu par la confiance et la prière, c'est en puisant fréquemment dans cette source infinie de majesté et d'amour, que le marquis de Raincourt apprenait à commander sans heurter, à aimer sans faiblir.

Tous les jours, après le repas du soir, la cloche réunissait dans une même salle du château les enfants et les domestiques. Là, ce vénérable patriarche faisait la prière en commun, et invoquant, au nom de tous, le Père qui est aux cieux, apparaissait à tous comme sa vivante image et sa représentation fidèle. Tous les jours il assistait au saint sacrifice de la messe, lisant dans son paroissien les prières liturgiques, priant pour lui-même, pour sa famille, pour l'Eglise et pour la France, plaçant sous la protection du sang du Calvaire tous ses desseins, tous ses projets, toutes ses entreprises. Fréquemment, et souvent plusieurs fois la semaine, il allait s'asseoir à la table sainte, pour mieux s'approcher de son Dieu, s'unir à lui, se fortifier de sa grâce et s'éclairer de ses conseils. Pères et mères de famille, vous voulez connaître le secret qui le faisait aimer et respecter de tous ? Ce secret, je vous le livre dans toute sa simplicité : il aimait son Dieu et lui obéissait…. Dieu, en retour, le revêtant de sa puissance et de sa bonté, lui donnait l'empire des cœurs.

Un seul fait vous dira mieux que mes paroles combien

était forte cette autorité du père de famille, et combien
furent profonds les sentiments de respect et d'amour
qu'elle inspirait à ses enfants. Il était sur son lit d'agonie : la noble et fidèle compagne de sa vie veillait à son
chevet. Sentant que la dernière heure allait sonner, et
surmontant, par un héroïque effort, les légitimes dou-
leurs de son âme, cette femme forte appelle auprès d'elle
tous ses enfants et ses petits-enfants, ses domestiques et
tout le personnel de sa maison, puis, prenant une dernière fois dans sa main la main défaillante de son époux,
elle parle à tous au nom de celui qui va mourir, et fait à
chacun la leçon qui lui convient. Étendant ensuite en
avant ce bras qui déjà n'a plus de vie, elle trace sur cette
famille éplorée un long signe de croix. Scène admirable,
que n'oublieront jamais ceux qui en ont été les témoins,
qui leur portera bonheur, et leur rappellera jusqu'à leur
dernier jour que les familles vraiment fortes sont celles
où l'autorité du père s'identifie avec celle de Dieu, où le
respect qu'on a pour lui est un hommage qu'on pense
rendre à la divinité !

II. — *Disons maintenant quelque chose de l'influence du
marquis de Raincourt* sur les hommes avec lesquels il fut
en rapport, sur la société au milieu de laquelle il vécut.
Ses opinions personnelles, aussi bien que ses traditions
de famille, le tinrent toujours en dehors des hommes
politiques de son temps, et l'empêchèrent d'exercer sur
les événements contemporains une influence qui n'eût

point manqué d'être salutaire. Il pensait justement que la société est une famille, qui ne peut jouir de la paix et de la prospérité qu'à la condition d'avoir à sa tête une autorité respectée et obéie. Il jugeait avec raison que dans un grand pays comme la France, l'autorité ne peut être stable qu'à la condition d'être légitime, de se respecter elle-même, et de se consacrer exclusivement au bien-être de chacun, du pauvre comme du riche, de l'ouvrier comme du patron. Il condamnait sans appel cette fausse liberté de tout penser et de tout dire, qui ne peut que favoriser l'insubordination, la révolte, la désunion des volontés, et conduire la société aux abîmes. Pour lui, la religion devait être à la base de tout, l'âme même de la constitution, le fondement nécessaire sur lequel doit s'élever tout édifice social. Il fut royaliste par principe aussi bien que par éducation ; mais, dans sa pensée, la royauté ne fut jamais ce régime autocrate et arbitraire, sans mesure et sans frein, qui révolte notre raison et répugne aux plus légitimes aspirations de notre nature intelligente et libre. Non, à ses yeux, je vous l'ai dit, l'Etat devait être une famille, et la royauté une vraie paternité, douce et bienveillante comme celle du foyer domestique, soucieuse du bien-être général, attentive aux besoins de toutes les classes sociales, gouvernant les peuples dans l'équité et la justice. En un mot, la royauté qu'il aimait, la royauté, objet de ses désirs, c'était la royauté chrétienne, celle qui, prenant pour base l'Evangile et Jésus-Christ pour modèle, travaille à rendre les peuples heureux en s'oubliant elle-même, en faisant aimer le bien, respecter les droits d'autrui et régner toutes les vertus civiles et morales.

Ne pouvant faire prévaloir ces principes dans l'Etat, il s'appliqua du moins à les faire régner dans la société plus restreinte qui se développait autour de lui, et sur laquelle sa situation personnelle lui donnait autorité. Il avait sous ses ordres une usine, il veut la gouverner en bon père de famille, il veut lui donner la physionomie qu'il rêvait pour l'Etat, et la rendre tout à fait chrétienne. Cette œuvre, vous la connaissez, ouvriers de la forge, vous savez les grands avantages que vous en avez retirés pour le corps et pour l'âme, pour le temps et pour l'éternité. Ici, vous avez trouvé, avec l'aisance matérielle et les commodités de la vie, l'union qui fait la force, les sages règlements qui protègent contre les défaillances de la nature, les bons exemples qui édifient, les leçons qui instruisent, et par-dessus tout ce courant salutaire qui maintient les âmes dans les sentiers de la justice et de la vertu. Ah ! quel ami fut pour vous le marquis de Raincourt ! Quel père vous avez perdu ! Aucun de vos besoins n'échappait à sa sollicitude : il était au chevet de l'agonisant pour l'aider à bien mourir ; il visitait les malades pour les soigner, les aider et les guérir ; il voyait les affligés pour les consoler, les pauvres pour les secourir, les orphelins pour remplacer, auprès d'eux, ceux que la mort avait frappés. Son château était aussi le vôtre, car les portes en étaient toujours ouvertes, et vous veniez, à tout propos, y chercher conseil, secours et protection. Et vos enfants, comme il les aimait, et surtout comme il était content quand il découvrait en eux quelques marques de vocation ecclésiastique ! Il les aidait, les encourageait, et préparait longtemps à l'avance la grande solennité de leur première messe. Nous n'avons point oublié les fêtes de juillet 1883, et ce n'est pas sans une amère tristesse que nous voyons disparaître dans le deuil celles que nous réservait un prochain avenir (1).

J'ajoute, mes frères, que son affection et sa sollicitude s'étendaient aussi aux cultivateurs du pays et des environs, car s'il aimait ses ouvriers comme ses enfants, il regardait ses compatriotes comme des frères et des amis. Les conseils de son expérience, les connaissances acquises par une longue pratique de la vie, les ressources de son inépuisable charité, étaient à la disposition de tous. Il est merveilleux de voir comment, sous cette influence douce et paternelle, cette population de Fallon a été subitement changée. Il y a vingt ans, elle comptait parmi les plus tristes paroisses de ce vaste diocèse ; aujourd'hui, sans contredit, elle prend rang parmi les meilleures ; tant il est vrai que le secret de toutes les réformes et de tous les progrès, c'est l'affection et le dévouement.

---

(1) Trois ecclésiastiques sont sortis des forges de Fallon : M. Meley, curé de Myon ; M. Voitot, vicaire de Pont-de-Roide, dont la première messe a été prêchée, en août 1883, par M. Dubillard, et M. Grossard, élève de deuxième année au grand séminaire, dont la première messe préoccupait déjà M. le Marquis.

Ne croyez pas cependant qu'absorbé par ces occupations de détail, le marquis de Raincourt perdît de vue la France et cessât de l'aimer. Non, cet amour, que la noblesse française a toujours professé pour la patrie, quel que fût son drapeau, cet amour généreux, qui a fait les croisades et les grandes épopées de notre histoire nationale, cet amour ne sommeilla jamais dans son cœur. On le vit bien, lorsqu'en 1870, après nos premiers désastres, il envoya son jeune fils combattre [1], comme volontaire, dans les légions de Charette. Quelle émotion dans son âme, mais aussi quelle fière impassibilité sur son noble visage ! Il donnait son fils à la patrie ; mais la patrie, c'était la France, la France, à laquelle nul cœur noble ne refusa jamais rien, parce qu'on aime la France comme une mère.

C'était le 2 décembre, le jeune fils du marquis tombait sur le champ de bataille ensanglanté de Patay, la cuisse fracassée par une balle.... Il me souvient d'avoir vu le père en ces douloureuses circonstances : sur son front, voilé de deuil, brillait je ne sais quoi de grand et de majestueux ; il semblait ennobli par le coup qui l'avait frappé, et fier d'apprendre que son sang, mêlé à celui du peuple, venait de couler pour la France. C'était le sang de son fils, il est vrai.... mais peut-être était-ce le sien propre. Vous savez qu'il est mort le 2 décembre, au quinzième anniversaire de cette bataille mémorable, à

[1] Pierre de Raincourt.

l'heure même où, jour pour jour, son fils était blessé par la balle de l'ennemi. Je connaissais le cœur de ce noble vieillard, et tout me dit qu'en ces journées de bataille, où il savait son fils en danger et l'honneur de la France en péril, il fit, pour l'un et pour l'autre, le sacrifice de sa vie. L'histoire des âmes nous apprend qu'il se fait de pareils échanges, et que souvent ils sont acceptés. Laissez-moi croire que Dieu mit quinze années à réclamer sa dette, et que la mort du marquis de Raincourt est une mort d'héroïsme et de dévouement, pour sa famille et pour la France (1) !

III. — *Ce qu'a été le marquis de Raincourt comme enfant de l'Eglise,* comme membre de cette société de fidèles, fondée il y a dix-huit cents ans par le Fils de Dieu, je le résume en disant qu'il fut un croyant de vieille roche, un chrétien austère, un catholique fervent.

Un croyant de vieille roche, car la foi était profonde dans cette âme naturellement sérieuse et réfléchie, et pour tous ceux qui l'ont connu, le marquis de Raincourt fut, au pied de la lettre, le juste dont parle l'apôtre saint Paul (2), le juste qui vit de la foi : *Justus meus ex fide vivit.* Sa belle intelligence et son grand cœur, aidés de la grâce divine, furent toujours d'accord pour lui montrer, dans

______

(1) Pierre de Raincourt, avant même qu'on eût pu constater la gravité de la blessure que le Marquis s'était faite dans sa chute, s'écria : Mon père mourra le 2 décembre.

(2) *Hebr.,* x, 38.

les enseignements de l'Evangile, la vérité même, la vérité descendue du ciel, la vérité, que l'indifférence ou la
légèreté peuvent révoquer en doute, mais qui demeure
stable et bien vivante, au milieu des théories qui passent
et des négations qui s'écroulent. Il haussait les épaules
et pleurait de compassion en voyant des intelligences à
peine nées, des esprits éclos d'hier, attaquer en souriant
ces grandes vérités séculaires, devant lesquelles se sont
inclinés, pleins de respect et d'admiration, les plus
grands génies que notre monde ait produits.

Pour se rendre compte de la foi qui animait sa belle
âme, il suffit de l'avoir vu, un jour, en prière ou en
marche pour aller recevoir l'hostie sainte. Quelle atti-
tude de respect ! Quelle présence d'esprit ! Quelle atten-
tion ! Quelle ferveur ! C'était un plaisir et un honneur
pour lui de servir la sainte messe, de monter aux stalles,
de mêler sa voix mâle et énergique à la voix plus douce
et plus harmonieuse des enfants de chœur, et de répéter
avec eux le cantique que chantent les anges devant le
trône de l'Eternel : Saint, saint, saint est le Dieu des
armées ! Et l'église, et la maison de Dieu, comme il
l'aimait, comme il la respectait, comme il tenait à l'em-
bellir et à la rendre digne du grand Dieu qui l'habite ! Il
avait compris et semblait avoir constamment sous les
yeux cette parole du patriarche Jacob (1) : Vraiment, ce
lieu est terrible, car c'est la maison de Dieu et la porte

(1) *Genèse,* XXVIII, 17.

du Ciel. Tout ici nous rappelle son souvenir ; cet autel, ces verrières, et surtout ces confessionnaux, ces boiseries, ces stalles, travaillés de ses mains et que dans cent ans nos arrière-petits-neveux viendront admirer comme des chefs-d'œuvre de foi, de simplicité et de bon goût.

Mais l'ornementation matérielle du temple ne suffisait point à sa foi ; ce qu'il y voulait avant tout, c'était des âmes recueillies, humbles et priantes. De là ses efforts persévérants pour ramener, à force d'invitations bienveillantes, au pied des autels, une population longtemps oublieuse et indifférente. De là ce cercle catholique qu'il achevait d'établir, cette société de musique religieuse qu'il fondait, qu'il formait de ses soins et de ses leçons, et à laquelle il venait donner une dernière répétition pour la fête du lendemain (1), lorsque la mort est venue le frapper. Oh ! qu'il était heureux quand, aux jours de fête ou de dimanche, il voyait groupés autour de lui les membres de sa famille, les ouvriers de son usine et les fidèles de la paroisse, quand tous, le cœur et l'esprit en haut, priaient ensemble le Père qui est aux cieux, et demandaient à sa miséricordieuse bonté le pain de chaque jour. Plusieurs fois j'en ai été témoin : c'était là la grande joie de son cœur, l'éclatant triomphe de sa piété et de sa foi.

Il fut chrétien austère. Tous ceux qui, dans la semaine de sa mort, ont visité les appartements qu'il habitait au

(1) Fête de saint Eloi, patron des forgerons.

château, ont été frappés de la très grande simplicité de son ameublement. Il n'y avait rien là pour le luxe et le confortable, rien qui se ressentît de la haute situation où l'élevaient sa naissance, sa fortune et ses relations. On y rencontrait un lit à peine suffisant, quelques chaises démodées, deux ou trois objets de première nécessité, puis des outils et encore des outils, des outils de toute espèce, ceux-là mêmes qui lui servaient à façonner le bois et à creuser des panneaux. Car il aimait à travailler, le marquis de Raincourt, et tout le temps que lui laissait libre le soin de ses ouvriers, de ses pauvres et de ses malades, il le passait à l'atelier. Sans doute, il ne mangeait point son pain à la sueur de son front, mais il voulait pouvoir dire, à la fin de sa journée, qu'il avait peiné comme le dernier de ses forgerons, et que si sa fortune le plaçait au-dessus d'eux, il se faisait volontiers leur égal par son amour du travail et l'emploi scrupuleux de son temps.

Faut-il parler maintenant de son amour pour la mortification et de son zèle à observer les jeûnes de l'Eglise ? Bien différent des chrétiens de nos jours, qui veulent tout tempérer, tout adoucir, et qui pensent aller au ciel par un chemin de fleurs, il plaçait à plus haut prix la couronne éternelle : il jeûnait tout le carême, les quatre-temps et les vigiles ; toute sa vie il fut fidèle aux lois de l'abstinence, et jamais une plainte ou un murmure ne tomba de ses lèvres contre les saintes prescriptions de notre mère l'Eglise. Il savait, ce grand chrétien, que du jour où le monde a été racheté par les souffrances et le sang de l'Homme-Dieu, la mortification est devenue pour tous un moyen nécessaire de salut. Loin de les appréhender, il voyait venir avec joie les jours de pénitence, heureux d'avoir l'occasion de souffrir avec son Maître, pour mériter de ressusciter un jour dans sa gloire.

Enfin, le marquis de Raincourt fut un catholique fervent. Il aimait l'Eglise, il aimait le pape, il aimait toutes les œuvres instituées, dans ces derniers temps, pour la défense de la religion et la régénération chrétienne de nos sociétés. L'Eglise, il l'aimait comme une mère, car il n'oublia jamais qu'il tenait d'elle son baptême, sa première communion et les meilleures joies de sa vie : il compatissait à ses épreuves, il suivait ses luttes avec les émotions d'un cœur véritablement filial, et lorsque le succès ne venait point couronner ses désirs, il pleurait l'aveuglement des hommes et l'endurcissement des nations. Et cependant cet amour devait être soumis un jour à une rude épreuve. En 1854, la seconde de ses enfants, Mlle Cécile de Raincourt, demanda à entrer au couvent de la Visitation. La lutte fut terrible dans le cœur paternel, mais la victoire ne pouvait être longtemps douteuse. Une famille qui porte pour devise : *La croix est la pierre de touche de la foi,* ne recule devant aucun sacrifice, si déchirant qu'il soit, quand c'est Dieu qui l'ordonne. Cécile partit pour le couvent, mais, avant la séparation, elle s'était donné avec son père un rendezvous pour chaque dimanche dans le cœur de Jésus. Ni l'un ni l'autre n'y ont jamais manqué.

Le pape ! ah ! depuis que la révolution l'a dépouillé de ses Etats, le marquis de Raincourt lui faisait une large part dans son budget de l'année, ou plutôt il ne comptait plus sitôt qu'il était question de secourir ce père malheureux et captif. Et quand vinrent les jours mauvais, quand la révolution italienne, marchant d'iniquités en iniquités, menaça Rome elle-même, le marquis de Raincourt députa au secours de la papauté en détresse le plus jeune de ses fils, qui devait ainsi prendre rang parmi les survivants de Castelfidardo et se battre à Mentana, avant de tomber avec eux sur les champs héroïques de Patay et de Loigny.

Rien de ce qui intéresse les œuvres catholiques n'échappait à son zèle : il était membre et fut longtemps vice-président de la société de Saint-Vincent de Paul, à Paris. C'est là que, pendant les longs mois d'hiver, il aimait à soutenir, à encourager le zèle et la charité de ses généreux collaborateurs, qu'il parcourait avec eux les mansardes et les carrefours oubliés de la grande capitale. Ah ! qui nous dira les misères qu'il a soulagées, les larmes qu'il a séchées, les cœurs qu'il a soutenus, et les âmes qu'il a relevées défaillantes sur le chemin de la vie !

Mais, à Paris, les pauvres et les humbles n'étaient pas sa seule compagnie, car il cultivait les savants, et voulait l'être lui-même à ses heures. Il a rendu de vrais services à la Société géologique de France, dont il était membre, et il a su, pendant sa longue carrière, profitant des découvertes de ses collègues et de ses propres recherches, amasser cette belle et précieuse collection dont il a doté, comme d'un présent royal, à l'époque de sa fondation, l'Université catholique de Paris. L'Université catholique, en effet, était encore une de ces œuvres qu'il aimait, pour laquelle il travaillait et se dévouait volontiers, parce qu'il voyait en elle un grand moyen de régénération pour la France, une riche pépinière d'où sortiraient un jour des hommes plus remarquables encore par leur foi et leur religion que par leur science et leurs talents, une source puissante dont les eaux bienfaisantes iraient bientôt porter à travers toutes nos provinces la sève et la fécondité de la vie chrétienne.

Et maintenant, mes frères, j'ai fini, je vous ai dit quelque chose de ce qu'a été le marquis de Raincourt, dans sa vie domestique, dans sa vie publique et dans sa vie religieuse : partout, c'est la figure de l'homme de bien, de l'homme juste, que Dieu récompense au centuple. La mort, il est vrai, est venue le prendre à l'improviste, et sans qu'il ait eu le temps de faire ses derniers préparatifs ; mais ne craignez rien pour le sort éternel de son âme. Les dernières paroles tombées de ses lèvres, les derniers mots qu'il prononça en cette vie, nous donnent pleine et entière confiance pour l'autre. On venait de le relever de sa chute et de l'étendre sur son lit d'agonie : « Mettons-nous, soupira-t-il, mettons-nous en la présence de Dieu. » Se mettre en la présence de Dieu !

Ah ! il y avait été toute sa vie ! C'était vers ce centre de toute justice et de toute lumière que se portaient d'elles-mêmes ses affections et ses pensées, et voilà pourquoi, dans cet instant solennel, c'est Dieu que son âme cherche, c'est Dieu qu'elle aime et qu'elle veut. Marche en ma présence, disait autrefois Dieu à son grand serviteur Abraham (1), marche en ma présence, et tu seras parfait ! Seigneur, voici une âme qui ne vous a jamais perdu de vue, et qui, sur son lit de douleur, a oublié ses plaies saignantes pour ne penser qu'à vous ; Seigneur, faites-lui miséricorde !

Oui, mes frères, nous en avons la douce confiance, le bon et sympathique marquis de Raincourt est en possession de son repos éternel. Prions cependant la miséricorde de Dieu, car nous ignorons les secrets jugements de sa justice. Prions, et si, comme je l'espère, notre prière est, à ce point de vue, sans objet, elle servira du moins à obtenir aux héritiers de cette noble famille la grâce de marcher sur les traces de leur père, et à nous tous celle de mettre à profit les leçons qu'il nous a faites et les grands exemples qu'il nous a donnés.

Ainsi soit-il !

(1) *Genèse*, XVII. 1.

BESANÇON, IMPRIMERIE DE PAUL JACQUIN.